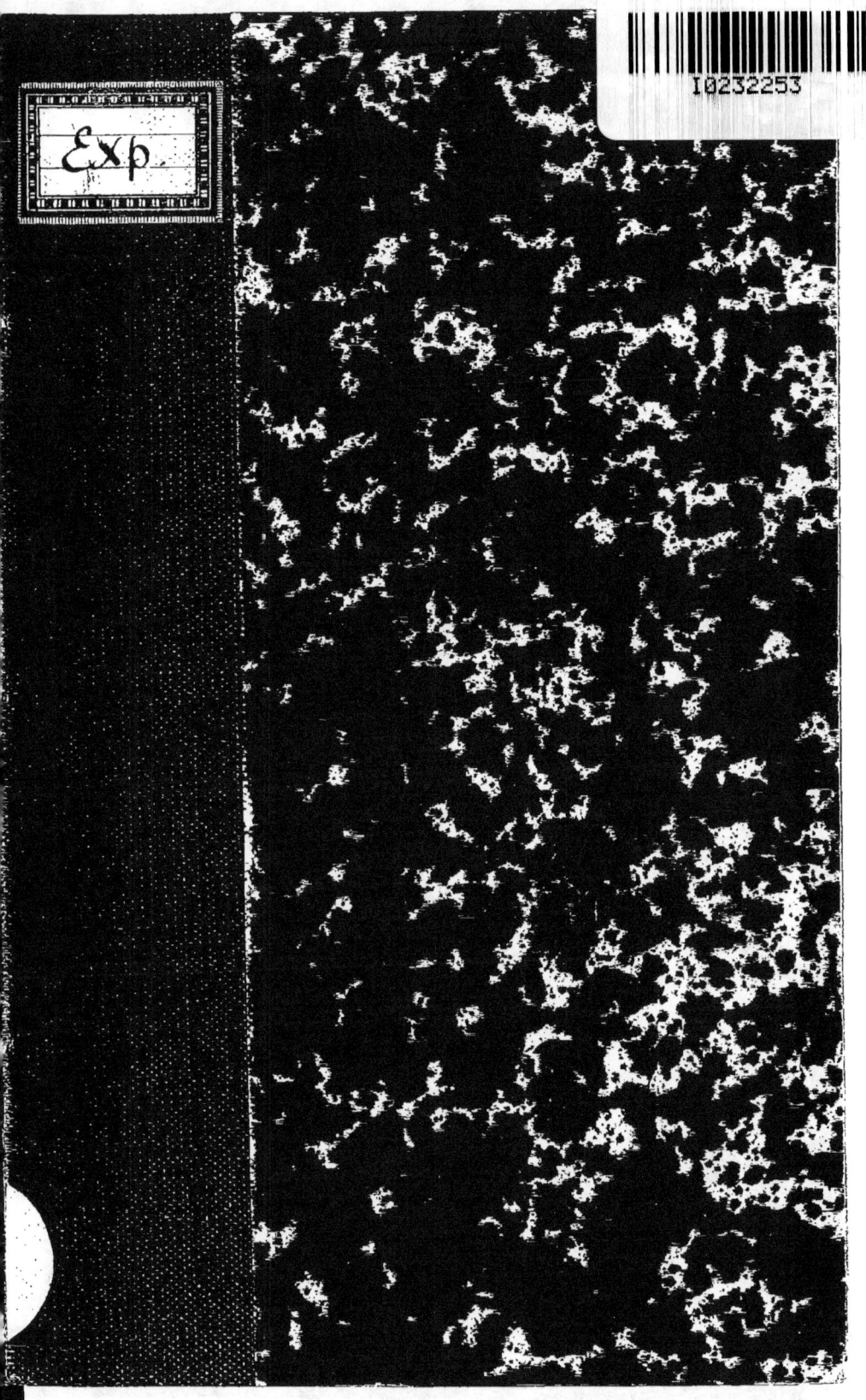

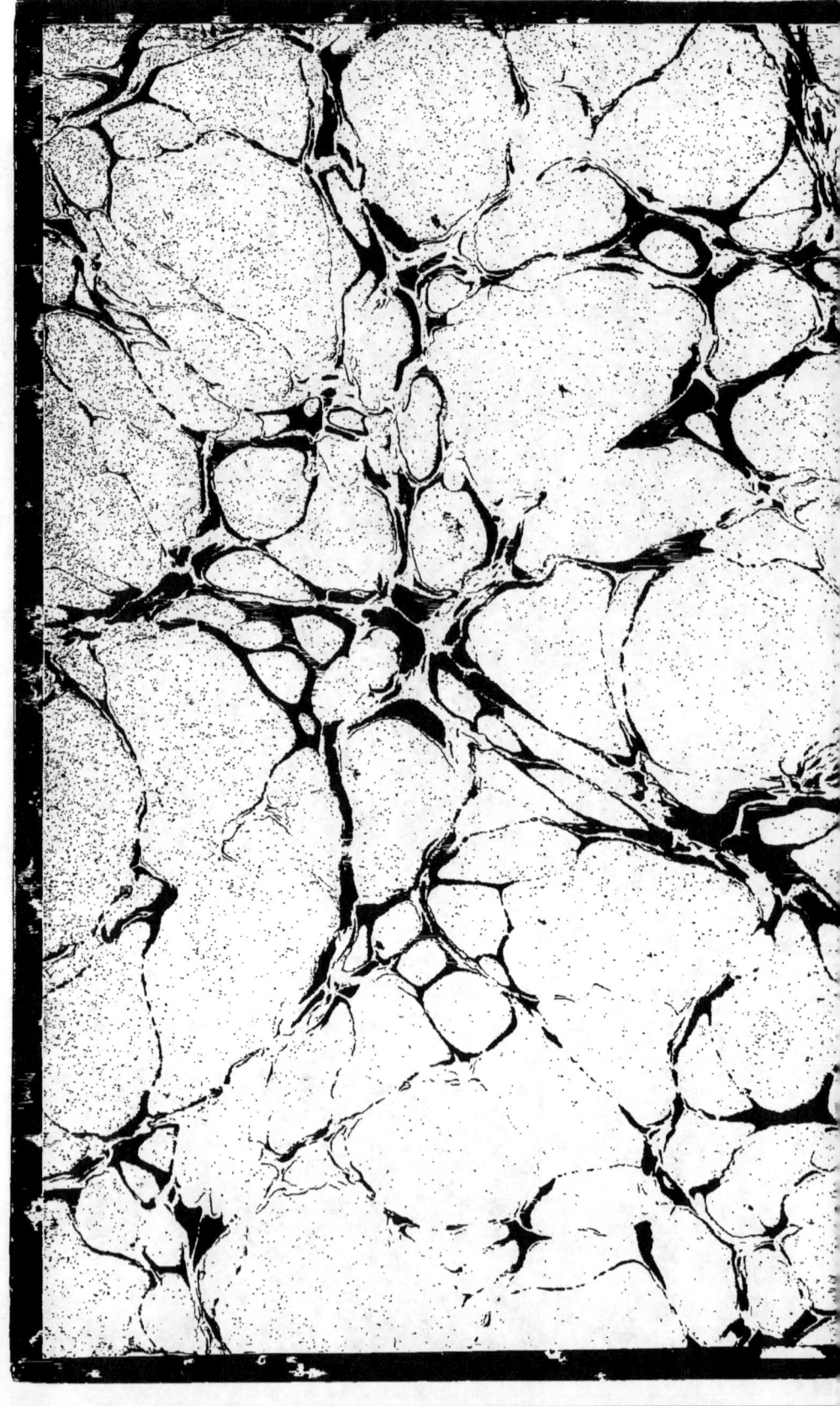

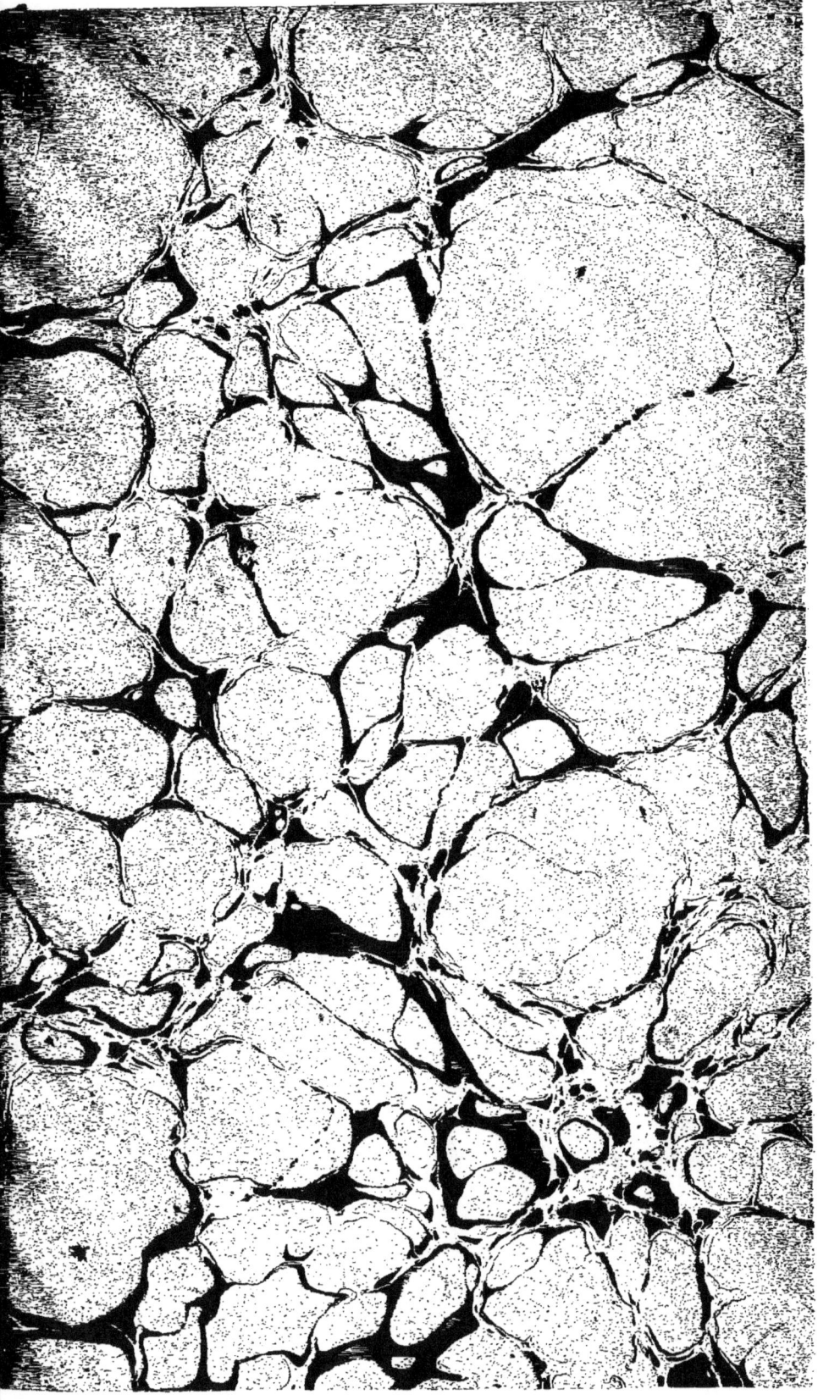

(Couverture la Couverture)

BIBLIOTHÈQUE NATIONALE

NOTICE

D'UN

CHOIX DE MANUSCRITS

DES FONDS LIBRI ET BARROIS

EXPOSÉS

DANS LA SALLE DU PARNASSE FRANÇAIS

Avril 1888

PARIS

TYPOGRAPHIE GEORGES CHAMEROT

19, RUE DES SAINTS-PÈRES, 19

1888

NOTICE
D'UN
CHOIX DE MANUSCRITS
DES FONDS LIBRI ET BARROIS
EXPOSÉS

DANS LA SALLE DU PARNASSE FRANÇAIS

BIBLIOTHÈQUE NATIONALE

NOTICE

D'UN

CHOIX DE MANUSCRITS

DES FONDS LIBRI ET BARROIS

EXPOSÉS

DANS LA SALLE DU PARNASSE FRANÇAIS

Avril 1888

PARIS

TYPOGRAPHIE GEORGES CHAMEROT

19, RUE DES SAINTS-PÈRES, 19

1888

Un rapport adressé le 23 février 1888 à M. le Ministre de l'instruction publique a fait connaître à quelles conditions la Bibliothèque nationale a pu acquérir les articles du fonds Libri et du fonds Barrois, qui, d'après des indices plus ou moins certains, avaient été reconnus et signalés en 1883 comme indûment sortis de nos dépôts publics. Dès le jour où ces précieuses collections sont arrivées à Paris, on s'est occupé de les mettre en ordre et d'en préparer la communication aux savants, avides de les consulter. Mais c'est là un travail délicat, qui ne pourra pas être accompli aussi promptement qu'on le désirait et qu'on l'espérait. Il s'agit, en effet, de rechercher les fraudes de tout genre commises pour dénaturer les objets volés, de rétablir l'ordre interverti de beaucoup de cahiers ou de feuillets, de paginer la plupart des volumes, de classer plusieurs milliers de pièces jetées pêle-mêle dans environ 80 portefeuilles et de dresser du tout des catalogues qui répondent à l'importance des documents si heureusement recouvrés par notre pays.

Sans interrompre et ralentir ces indispensables opérations, l'administration de la Bibliothèque nationale a cru pouvoir donner une première satisfaction à la légitime curiosité du public en exposant dans les vitrines de la salle du Parnasse français, à l'entrée de la Galerie Mazarine, un choix des volumes et des pièces dont nous sommes rentrés en possession. Le nombre des articles exposés s'élève à 121. Ils sont groupés dans l'ordre suivant.

FONDS LIBRI

Les quatre premières vitrines à gauche en entrant renferment une série de très anciens manuscrits, la plupart en onciale ou en demi-onciale, dont la date est comprise entre le vi[e] et le commencement du ixe siècle.

Dans les deux vitrines suivantes (V et VI) sont de vieux textes des classiques latins, tels que Cicéron, Justin, Virgile, Horace, Lucain et Stace; — les ouvrages qui ont servi dans la première période du moyen âge à l'enseignement de la grammaire et de la dialectique (Donat, Priscien, Boèce, etc.); — un de ces psautiers tironiens, dans lesquels les sténographes de l'époque carlovingienne récitaient leurs offices pour familiariser leurs yeux avec la forme des notes tachygraphiques.

On a réuni dans la vitrine VII d'importants monuments juridiques : un exemplaire depuis longtemps célèbre de la Loi romaine des Visigoths, une copie de Capitulaires, et une collection canonique qui renferme la Notice des cités de la Gaule.

Quatre vitrines (VIII, X-XII) sont remplies de manuscrits théologiques, scientifiques et historiques, qui se recommandent à la fois par la beauté de l'exécution et par la valeur des textes qu'ils nous ont conservés. Tous sont antérieurs à la fin du xii° siècle. Plusieurs, tels que le Cassiodore (n° 38), le saint Augustin (n° 31) et le sacramentaire en lettres d'or sur fond pourpré (n° 29), peuvent être cités comme des chefs-d'œuvre de la calligraphie carlovingienne.

Les morceaux les plus précieux pour l'histoire des arts sont exposés dans la grande vitrine (n° IX) de l'embrasure de la fenêtre. C'est là qu'on admire le Pentateuque de Saint-Gatien de Tours, le seul monument sur lequel on puisse étudier en France l'état de la peinture à l'époque qui suivit la chute de l'Empire romain et précéda la renaissance carlovingienne. On n'examinera pas avec un moindre intérêt un livre d'évangiles, d'origine irlandaise ou hiberno-saxonne, qui remonte probablement au viii° siècle. Les manuscrits de ce genre, assez communs en Grande-Bretagne et en Irlande, sont chez nous d'une insigne rareté; ils ont cependant pour nous un intérêt tout particulier : car nos écoles d'art, comme celles de littérature, ont subi, au viii° et au ix° siècle, l'influence des maîtres irlandais et anglo-saxons.

A côté de ces vénérables représentants des

premiers siècles du moyen âge nous avons placé deux cahiers de notes et de dessins de l'un des plus grands génies qui aient brillé en Italie à l'aurore des temps modernes, de Léonard de Vinci.

Dans ce qui nous est échu des collections Libri, les littératures néo-latines sont moins bien représentées que l'art, la paléographie et la littérature latine de l'antiquité et du moyen âge. On trouve néanmoins dans la vitrine XIII d'anciens manuscrits français, provençaux et catalans. L'un d'eux (n° 48), paraissant remonter au xii° siècle, contient la vie de saint Alexis, l'un des textes qui ont été le plus utilement employés pour étudier les premiers développements de la langue française.

La vitrine XIV fixera l'attention des diplomatistes. Avec un cartulaire lorrain (n° 53) et avec le Livre de la nation de Picardie en l'université d'Orléans (n° 54), ils y verront un fragment de papyrus sur lequel se lit le commencement d'une bulle accordée en 995 par le pape Jean XV à l'abbaye de Saint-Bénigne de Dijon. Le revers de ce fragment a été employé plus tard par un faussaire pour fabriquer une bulle de Jean V qui a longtemps passé pour un des premiers actes de la chancellerie pontificale et qui a induit en erreur des critiques justement estimés.

Les portefeuilles de Libri auraient pu nous offrir plusieurs centaines de pièces autographes dignes de passer sous les yeux du public. L'espace dont nous disposions ne nous a pas permis d'en exposer plus d'une quarantaine (vitrines XV — XIX). Notre choix a porté sur des documents qui rappellent de grands faits de notre histoire et font revivre des noms fameux dans les annales littéraires ou scientifiques.

FONDS BARROIS.

Parmi les 66 volumes du fonds Barrois qui sont rentrés à la Bibliothèque nationale, nous en avons pris 25 qui sont disposés dans les trois dernières vitrines (XX-XXII). Il suffit de citer ceux dont le retour nous a causé la plus vive émotion : d'anciennes copies de la Loi salique et des Capitulaires, le seul exemplaire connu d'un opuscule du sire de Joinville, trois volumes de cette librairie de Charles V qui fut le premier noyau de la Bibliothèque nationale, et deux manuscrits revêtus de ces merveilleuses reliures qui ornaient les livres de la bibliothèque de Fontainebleau au xvi° siècle.

Espérons que notre admiration sera partagée par les amis des lettres et des arts qui visiteront l'exposition organisée temporairement dans la salle du Parnasse français. Puissent-ils ne pas trouver exorbitants les sacrifices que la Bibliothèque nationale s'est imposés pour faire revenir en France tant de monuments de notre histoire et de notre littérature, que des mains coupables avaient ravis et falsifiés et qui couraient tous les jours le risque d'aller s'enterrer chez des bibliomanes étrangers ou de passer les mers pour orner les bibliothèques naissantes des États-Unis d'Amérique !

L. D.

NOTICE

D'UN

CHOIX DE MANUSCRITS

DES

FONDS LIBRI ET BARROIS

EXPOSÉS DANS LA SALLE DU PARNASSE FRANÇAIS

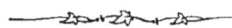

FONDS LIBRI

Vitrine I.

1. Les six derniers livres du traité de saint Hilaire sur la Trinité.
   Volume en parchemin, in-fol. Écriture onciale du vi^e siècle. — Venu de l'église Saint-Martin de Tours.

2. Opuscules de saint Jérôme.
   Volume in-4, en parchemin. Écriture onciale du vi^e siècle. — Venu de l'église de Lyon.

3. Fragment du commentaire de saint Hilaire sur les psaumes.

Volume en parchemin, in-fol. Écriture onciale du vi^e siècle. — Venu de l'église de Lyon.

4. Sermons de saint Augustin.
Volume en parchemin, in-4. Écriture demi-onciale du vi^e siècle. — Venu de l'église de Lyon.

Vitrine II.

5. Fragments d'un psautier écrit en très grandes lettres onciales.
Volume en parchemin, in-fol., du vi^e siècle. — Venu de l'église de Lyon.

6. Commentaires d'Origène sur le Lévitique.
Volume en parchemin, in-fol., en lettres onciales du vi^e ou du viie siècle. — Venu de l'église de Lyon.

Vitrine III.

7. Recueil d'homélies.
Volume en parchemin, in-fol., en lettres onciales, du viie ou du viiie siècle. — Venu de l'abbaye de Saint-Benoît-sur-Loire. — Voyez plus loin, le n° 12.

8. Version latine d'un traité de médecine d'Oribase.
Volume en parchemin, in-fol., en écriture demi-onciale, du viie ou du viiie siècle. — De la bibliothèque de François Pithou.

9. Extraits de saint Augustin par Eugippius.

Volume in-fol., en parchemin, remarquable par un mélange d'écritures onciales, demi-onciales, minuscules et cursives, qui peut remonter au commencement du viiie siècle. — De la bibliothèque de Saint-Martin de Tours. — Ces fragments sont venus compléter l'exemplaire de l'ouvrage d'Eugippius acquis au mois de décembre 1887 par la Bibliothèque nationale.

Vitrine IV.

10. Les grands Prophètes.

Volume en parchemin, in-fol., en lettres onciales, du commencement du ixe siècle. — Venu de l'abbaye de Marmoutier.

11. Fragments du Miroir de saint Augustin.

Volume en parchemin, in-fol., en lettres onciales du viiie siècle. — De l'abbaye de Saint-Benoît-sur-Loire.

12. Recueil d'homélies.

Volume en parchemin, in-fol., en lettres onciales, du viie ou du viiie siècle. — Fragment du même volume que le manuscrit exposé sous le n° 7.

13. Fragments d'un antiphonaire irlandais, du viiie ou du ixe siècle.

Volume en parchemin, in-4. — De l'abbaye de Saint-Benoît-sur-Loire.

Vitrine V.

14. Cicéron, le Traité de la Vieillesse et le Songe de Scipion, suivi du commentaire de Macrobe.
Volume en parchemin, in-4, du IXe siècle. — Venu de Saint-Martin de Tours.

15. Les Histoires de Justin.
Volume en parchemin, in-fol., du IXe siècle, copié par Malbertus et venu de l'abbaye de Saint-Denis. — Ce manuscrit, qui a appartenu à François Pithou, est très important pour l'établissement du texte de Justin.

16. Œuvres de Virgile.
Volume en parchemin, petit in-fol., du XIe siècle. — Venu probablement de Saint-Martin de Tours.

17. L'Art poétique, les Satyres et les Épîtres d'Horace.
Volume en parchemin, in-4. Écriture italienne du XIIe siècle.

18. La Pharsale de Lucain.
Volume en parchemin, petit in-fol., du IXe siècle.

Vitrine VI.

19. La Thébaïde de Stace, avec des gloses.

Volume en parchemin, petit in-fol., du xɪᵉ siècle.
— Jadis conservé à Saint-Martin de Tours.

20. Grammaire de Donat.
Volume en parchemin, in-4., du xᵉ siècle. — Venu de l'abbaye de Saint-Benoît-sur-Loire.

21. Grammaire de Donat, avec des gloses.
Volume en parchemin, in-4, du xᵉ ou du xɪᵉ siècle. — Venu de Saint-Benoît-sur-Loire.

22. Traité de Priscien sur les premiers vers de chacun des douze livres de l'Énéide.
Volume en parchemin, in-fol., du xᵉ siècle. — Venu de l'abbaye de Marmoutier.

23. Traités de Boèce, de Cicéron et de Porphyre sur la dialectique.
Volume en parchemin, in-fol., du xɪᵉ siècle. — Venu de l'abbaye de Saint-Benoit-sur-Loire.

24. Psautier écrit en notes tironiennes.
Volume en parchemin, in-8, du ɪxᵉ siècle. Il a appartenu au président Bouhier.

Vitrine VII.

25. La Loi romaine des Visigoths, ou le Bréviaire d'Alaric.
Volume en parchemin, in-fol. du ɪxᵉ ou du xᵉ siècle.

— Manuscrit employé par les éditeurs du Code théodosien et du Bréviaire d'Alaric.

26. Recueil de capitulaires, précédé de traités du vénérable Bède.
Volume en parchemin, petit in-fol., du x⁰ siècle.

27. Collection canonique, renfermant la Notice des cités de la Gaule.
Volume en parchemin, in-8, du ix⁰ siècle.

28. Traité de Boèce sur la musique, suivi de morceaux de comput.
Volume en parchemin, in-4, du x⁰ ou du xi⁰ siècle.
— Il vient peut-être de Saint-Bénigne de Dijon.

Vitrine VIII.

29. Sacramentaire à l'usage de l'église de Tours.
Volume en parchemin, in-fol. copié au ix⁰ ou au x⁰ siècle. Les premiers feuillets sont écrits en lettres d'or sur fond pourpré.

30. Première partie d'un exemplaire du martyrologe de saint Jérôme, à l'usage de l'église de Sens.
Volume en parchemin, in-4, du x⁰ siècle. La seconde partie du même exemplaire paraît former le n° 567 du fonds de la reine de Suède au Vatican.

31. Opuscules de saint Augustin et d'autres auteurs.

Volume en parchemin, in-4, du ixe siècle. C'est l'œuvre d'un religieux de Saint-Martin de Tours, nommé Adalbaldus, l'un des plus célèbres calligraphes français de la première moitié du ixe siècle.

Vitrine IX.

32. Pentateuque orné de 19 grands tableaux.

Volume en parchemin, in-fol., en lettres onciales, du viie siècle. C'est le plus ancien manuscrit à peintures qui existe en France. Il vient de la cathédrale de Tours.

33. Les quatre Évangiles, d'origine irlandaise ou hiberno-saxonne.

Volume en parchemin, in-fol., probablement du viiie siècle. Il a été exécuté par un scribe nommé Holcundus; il est orné d'enluminures très remarquables. — Venu de la cathédrale de Tours.

34. Les Phénomènes astronomiques d'Aratus, précédés de l'Arithmétique de Boèce.

Volume en parchemin, in-fol., du ixe siècle, venu de Saint-Martin de Tours. Le texte d'Aratus est accompagné de dessins au trait.

35-36. Deux cahiers de notes et de dessins de Léonard de Vinci.

37. Billet de Michel Ange. 6 février 1523.

Vitrine X.

38. L'Histoire tripartite de Cassiodore.

Volume en parchemin, in-fol., copié au IXe siècle avec un véritable luxe ; il y a de grandes initiales et même des lignes entières tracées en or. — Venu de la cathédrale de Tours.

39. Traités de comput et d'astronomie.

Volume en parchemin, in-8, du XIe siècle. — Venu d'une église du diocèse d'Auch.

40. Traités de comput, d'astronomie et d'astrologie.

Volume en parchemin, in-4, du Xe siècle. — Venu de Saint-Benoît-sur-Loire.

Vitrine XI.

41. Ouvrages historiques et scientifiques de Bède, avec un calendrier d'origine auxerroise.

Volume en parchemin, in-fol., du IXe siècle. — Ce manuscrit vient de l'abbaye de Saint-Benoît-sur-Loire, comme l'attestait une inscription ainsi conçue : LIBER SANCTI BENEDICTI ABBATIS FLORIACENSIS CENOBII, inscription dont Libri n'a laissé subsister que les lettres LIB..... FLOR..... ; il se proposait de la compléter, comme il l'a fait dans plusieurs volumes, de manière à ce qu'elle offrît cette leçon : LIBER SANCTE MARIE FLORENTINE ECCLESIE ; il aurait ainsi semblé que le volume venait de l'église de Florence (*Florentina*), et non pas de l'abbaye de Fleuri-sur-Loire (*Floriacensis*).

42. Collations de Cassien et autres traités théologiques.
Volume en parchemin, in-8°, du ixe siècle.

43. Ouvrages divers de saint Isidore de Séville.
Volume en parchemin, in-4°, écrit au xie siècle, probablement à Besançon.

Vitrine XII.

44. Traités du vénérable Bède sur la nature des choses et sur les âges du monde.
Volume en parchemin, in-fol. du ixe siècle. — Venu de Saint-Martin de Tours.

45. Extraits de saint Grégoire par Paterius.
Volume en parchemin, in-fol., du viiie siècle. — Il vient de l'abbaye de Saint-Benoît-sur-Loire, comme l'atteste cette inscription : Hic est liber sancti Benedicti abbatis Floriacensis monasterii. Dodo fieri rogavit. Ce Dodon doit être un abbé de Saint-Benoît, dont l'époque n'a pas encore été bien déterminée.

46. Poésies de saint Orient.
Volume en parchemin, petit in-fol., du xie siècle. — Venu de Saint-Martin de Tours.

47. Ouvrages historiques d'Orose, de Victor de Vite et de Paul diacre.

Volume en parchemin, in-fol., du xiie siècle.
Venu probablement de la grande Chartreuse.

Vitrine XIII

48. Poème français de Herman de Valenciennes sur la sainte Vierge, suivi de la vie de saint Alexis, de celle de saint Brandan et de la Passion de sainte Catherine, par une religieuse nommée Clémence de Berkinge.

Volume en parchemin, in-8°, pouvant remonter au xiie siècle. — Provenu de la bibliothèque de la famille de Lesdiguières.

49. Sermons et vies de saints en provençal.

Volume en parchemin, in-8°, du xiiie siècle.

50. Traité de Fauconnerie, intitulé « lo Romans dels auzells, » par Daude de Prades. En provençal.

Volume en papier, in-8°, de la fin du xiiie siècle. — Le la bibliothèque de la famille de Lesdiguières.

51. Version catalane du Nouveau Testament.

Volume en papier, in-folio, au xive siècle. — Ce manuscrit a appartenu à la famille de Lesdiguières.

52. Poésies catalanes de n'Aymo de Sestars.

Volume en papier, in-fol., du xive siècle.

Vitrine XIV.

53. Cartulaire de l'abbaye de Saint-Pierremont, au diocèse de Metz, rédigé en 1292.
Volume en parchemin, in-fol.

54. Livre de la nation de Picardie en l'Université d'Orléans. Recueil des privilèges et des statuts de l'Université, formé vers l'année 1340.
Ms. sur parchemin, in-fol., orné de peintures.

55. Fragment de papyrus, sur lequel se lit un morceau de la bulle accordée le 26 mai 995 à l'abbaye de Saint-Bénigne de Dijon. Un faussaire a employé ce papyrus pour écrire au verso une prétendue bulle du pape Jean V de l'année 685 ou 686.

56. Lettre de Henri VII, roi des Romains, à Philippe le Bel, roi de France. 1 septembre 1309.
Sur parchemin.

Vitrines XV-XIX.

57. Lettre de quatre Aragonais, qui annoncent au roi Louis XI la mort de l'infant don Carlos. 24 septembre 1461.

58. Relation de la journée de Fournoue, écrite à

Moulins le 17 juillet 1495, au reçu d'un message apporté par un laquais du duc de Bourbon.

59. Lettre adressée du Caire à Catherine de Médicis par Christofle de Vento, consul en Égypte. 2 mars 1571.

60. Lettre des gens du roi tenant la cour des grands jours à Périgueux, sur les mesures de précaution prises par eux pour éviter un soulèvement, à la nouvelle qui leur était parvenue le 30 août 1572, au soir, « de la mort du feu admiral et de plusieurs autres de sa suyte ». 6 septembre 1572.

61. Lettre du roi d'Alger, adressée à Charles IX, roi de France, datée d'Alger le 8 février 1574.

62. Lettre du roi de Fez, datée d'Alger le 25 mai 1574, adressée au roi de France.

63. Lettre du roi de Tunis à Henri III, roi de France. 16 juin 1579.

64. Lettre adressée au roi Henri III par Paschal, pour lui apprendre comment il avait déjoué un complot formé par le duc de Savoie pour surprendre la ville de Genève. 9 mai 1584.

65. Lettre de Joan Bogdan, prince de Moldavie, pour implorer la protection de Henri IV. 23 mars 1594.

66. Lettre du connétable Henri de Montmorency au roi Henri IV. 23 avril 1602.

67. Lettre d'Isaac Casaubon à Mathieu et Edouard Molé. 30 avril 1603.

68. Billet de Henri IV à la marquise de Verneuil, commerçant par les mots : « Mon cher cœur, j'ay voulu estre... »

69. Lettres de Maurice, landgrave de Hesse, au roi Henri IV. 17 décembre 1609.

70. Mémoire des articles sur lesquels le duc de Sully voulait faire interroger le duc de Nevers. Sans date. Avec annotations autographes de Sully.

71. Lettre de la reine Marie de Médicis à sa fille Elisabeth. Sans date.

72. Ode au cardinal de Richelieu. De la main de Malherbe.

73. Pièce de vers latins sur l'incendie de La Haye. De la main de Saumaise.

74. Registre de la correspondance de Peiresc, depuis 1622 jusqu'en 1632.

75. Mémoire adressé le 30 juin 1627 par le cardinal de

Richelieu au commandeur de La Porte, sur les mesures à prendre pour résister à la flotte anglaise devant La Rochelle. On y remarque cette phrase : « Mandés-moi vostre advis de ceus à qui on doit donner les pataches de Dieppe. Je désire plus tost de gros mariniers, vaillans, nourris dans l'eau de la mer et la bouteille, que des chevaliers frisez. Car ces gens-là servent mieus le Roy. »

76. Lettre de Thomas Campanella au chancelier Séguier. 31 mai 1635.

77. Lettre du duc de Saint-Simon au chancelier Séguier. 6 juillet 1635.

78. Lettre de Descartes à Mersenne. 23 août 1638.

79. Lettre du gardien de la Terre Sainte au chancelier Séguier, pour se plaindre des Grecs, qui voulaient détruire les épitaphes latines des rois enterrés dans l'église du Saint-Sépulcre à Jérusalem. 11 avril 1643.

80. Lettre de Gaston, duc d'Orléans, au chancelier Séguier. 9 avril 1645.

81. Lettre de l'électeur Frédéric-Guillaume I, margrave de Brandebourg, au cardinal Mazarin. 11 janvier 1649.

82. Lettre de Louis de Bourbon, prince de Condé, au duc de Longueville. 19 août 1651.

83. Lettre d'Isaac Vossius à Pierre Daniel Huet. 14 août 1659.

84. Sermon pour la fête de la Circoncision, sur ce texte *Vocabis nomen ejus Jesum...* De la main de Bossuet.

85. Lettre de Mademoiselle de Montpensier à son père Gaston, duc d'Orléans. Sans date d'année.

86. Minute autographe d'une lettre de dom Luc d'Achery à Jean Bolland. 21 janvier 1661.

87. Lettre du maréchal Fabert au chancelier Séguier. 20 novembre 1661.

88. Instruction de Colbert pour l'entretien de sa bibliothèque. 16 févier 1671.

89. Instructions de Louis XIV pour Louvois. 1er août 1676. Neuf pages écrites de la main du roi.

90. Lettre de Claude Perrault à Colbert, sur l'Opéra. 27 janvier 1674.

91. Lettre de Leibniz à Pierre Daniel Huet. 18 octobre 1678.

92. Lettre de Mabillon. 10 septembre 1681.

93. Lettre de Colbert touchant la gratification de

2000 écus que Louis XIV avait donnée à Hevelius. 19 septembre 1681.

94. État des paiements à faire en 1709 aux professeurs du Collège de France. De la main de Baluze.

95. Remarques sur une méthode employée par quelques géomètres pour déterminer l'orbite des comètes. 1776. Mémoire autographe de Laplace.

96. Procès-verbaux de la vérification des expériences de Lavoisier sur la fixation de l'air dans les corps et sur le fluide élastique qui s'en dégage dans plusieurs circonstances. Septembre 1773. Ces procès-verbaux sont paraphés par les commissaires de l'Académie des sciences.

FONDS BARROIS

Vitrine XX.

97. L'Astronomie de Hygin.
Volume en parchemin, in-4, du xe siècle. — Venu de Saint-Rémi de Reims. C'est notre ms. latin 8728.

98. Le Livre des merveilles du monde par Solin.
Volume en parchemin, in-4, du xiiie siècle. — C'est notre ms. latin 6812.

99. La Loi salique.
Volume en parchemin, in-8, du xe siècle, venu de Saint-Remi de Reims. — C'est notre ms. latin 4789 ; il a conservé sa reliure en maroquin rouge, aux armes du roi, du xviiie siècle.

100. Recueil de capitulaires, par Ansegise, etc.
Volume en parchemin, in-4, du xe siècle. — C'est la première partie de notre ms. latin 4761.

101. Capitulaires des années 862, 865, 813, 828 et 829.

Volume en parchemin, in-4, du xe siècle. — C'est la seconde partie de notre ms. latin 4761.

102. Compilation de droit romain connue sous le titre de « Exceptiones Petri. »

Volume en parchemin, petit in-4, du xiie siècle. — C'est une partie de notre ms. 4719.

103. Vie de Charlemagne par Eginhard, suivie d'une histoire abrégée des rois de France.

Volume en parchemin, in-4, du xiiie siècle. — C'est notre ms. latin 4937.

Vitrine XXI.

104. Les Articles de la foi par lettres et par images. C'est le célèbre opuscule connu sous le titre de « Credo de Joinville » ; il n'en existe pas d'autre exemplaire.

Volume en parchemin, in-8, copié vers le commencement du xive siècle, orné de miniatures à fond d'or. — Première partie du manuscrit enregistré sous le n° 7857 dans notre inventaire de l'année 1682.

105. Vie de sainte Marguerite, en prose française, suivie de divers opuscules de morale et de piété.

Volume en parchemin, in-8, copié vers le commencement du xive siècle, orné d'une miniature à fond d'or. — Seconde partie du manuscrit enregistré sous le n° 7857 dans notre inventaire de l'année 1682.

106. La Vie de sainte Geneviève, mise en vers français par Renaud, à la requête de « Madame de Valois ».

Volume en parchemin, in-8, copié par frère Guérin, vers la fin du XIII° siècle. — Seconde partie de notre manuscrit latin 5667.

107 « Le Livre Jehan de Mandeville, chevalier, lequel parle de l'estat de la Terre sainte et des merveilles que il y a veues. »

Volume en parchemin, in-4, copié en 1371 par Raoullet d'Orléans, l'un des plus habiles calligraphes du XIV° siècle. Il est orné de miniatures bordées d'encadrements tricolores ; celle du frontispice, divisée en quatre compartiments, est surmontée d'un écu fleurdelisé.

L'Inventaire de la librairie du Louvre, dressé par Gilles Malet vers l'année 1373, nous apprend que cet élégant volume avait été donné au roi Charles V par son premier physicien maître Gervaise Chrétien. — Enregistré sous le n° 10262 dans notre inventaire de l'année 1682.

108. « La Préservation de épidimie, minucion ou curacion d'icelle » : traité composé à Liège, en 1365, par maître Jean de Bourgogne, autrement dit à la Barbe.

Volume en parchemin, in-4, copié en 1371 par Raoulet d'Orléans. Sur la dernière page sont encore visibles les traces de la signature du roi Charles V, qu'on a voulu effacer. — C'est la seconde partie du manuscrit 10262 ; elle faisait suite au voyage de Mandeville indiqué à l'article précédent.

109. Les Épîtres et les Évangiles de toute l'année, traduites de latin en français par Jean du Vignay selon l'ordonnance du Missel de Paris.

Volume en parchemin, in-4, de la seconde moitié du xive siècle. Sur la première page, miniature bordée d'un encadrement tricolore. Ce manuscrit présente tous les caractères des livres exécutés pour le roi Charles V, quoiqu'il ne puisse être identifié avec certitude avec aucun des exemplaires décrits dans les inventaires de la librairie du Louvre. — En 1682 il avait reçu le n° 7838 dans la Bibliothèque du roi.

110. Commentaire sur l'Apocalypse, attribué à Richard de Saint-Victor.

Volume en parchemin, in-4, du xiie siècle, relié aux armes et au chiffre du roi Henri II. La partie supérieure du premier plat a été refaite, pour faire disparaître le titre et la cote lviii que le relieur avait dorés à cet endroit. — C'est notre manuscrit latin 685.

111. Histoire de Richard II, roi d'Angleterre.

Volume en parchemin, in-4, du xve siècle, relié au chiffre de Charles IX. — Porté sous le n° 10212 à l'inventaire de la Bibliothèque du roi dressé en 1682.

Vitrine XXII

112. Petit traité de musique.

Volume en parchemin, in-8°, du xive siècle. C'est un morceau de notre ms. latin 6755. En tête, Barrois a fait relier une peinture représentant David, tirée d'un psautier du xiie siècle.

113. Le Remède d'amour, par Ovide, suivi de la Tobiade par Mathieu de Vendôme, avec gloses.

Volume en parchemin, in-8°, de l'année 1286. Il vient de la bibliothèque de Pierre Pithou et a fait partie de notre ms. latin 8246.

114. Les Satyres de Perse, avec gloses, et les Distiques de Caton, avec un commentaire.

Volume en parchemin, in-8°, de la fin du xiiie siècle. — Il porte en tête la signature de Pierre Pithou. C'est la seconde partie de notre ms. latin 8246.

115. Vers de maître Serlon.

Volume en parchemin, in-8°, du xiiie siècle. — Partie de notre ms. latin 3718.

116. Poésies latines de Dreu de Hautvillers, chanoine de Reims, etc.

Volume en parchemin, in-8°, du xiii° siècle. — Partie de notre manuscrit latin 3718.

117. Chronique de Pierre fils de Béchin, continuée jusqu'à l'année 1199.

Volume en parchemin, in-8°, du commencement du xiii° siècle. — Première partie de notre manuscrit latin 4999 A.

118. Chronique abrégée d'Écosse, précédée d'un traité sur les droits de Charles VII à la couronne et à la totalité du royaume de France.

Volume en parchemin, in-fol., de la seconde moitié du xv° siècle. C'est le manuscrit qui portait le n° 9679 dans notre inventaire de l'année 1682.

119. Ordonnance de Charles le Téméraire, duc de Bourgogne, pour ses compagnies d'hommes d'armes et de trait, de l'année 1473.

Volume en parchemin, in-fol., de la seconde moitié du xv° siècle. Il est écrit en grosses lettres flamandes. Au bas de la première page, les armes du roi Louis XII paraissent recouvrir les armes de Louis de Bruges, sire de La Gruthuyse. — Ce volume est enregistré dans notre inventaire de l'année 1682 sous le n° 9846.

120. Abrégé des Chroniques de France, par Regnault

Havart. Exemplaire offert par l'auteur à Anne de France, duchesse de Bourbon, dont la signature, à moitié effacée, se lit au haut de la première page.

Volume en parchemin, in-8°, d'environ l'année 1500. — Ce petit manuscrit, donné à la Bibliothèque par Lancelot, avait reçu le n° 10301, 2, sur l'inventaire de 1682.

121. Traité astrologique, composé par « Willelmus Parronus, Placentinus, » docteur en médecine et professeur d'astrologie, en l'honneur de Henri, prince de Galles, duc de Cornouaille et d'York, depuis roi d'Angleterre sous nom de Henri VIII.

Volume en parchemin, in-8°, de la fin du xve siècle. — C'est notre manuscrit latin 6276. Le chiffre G. N., qui est au bas du frontispice, a été ajouté par un malfaiteur pour dissimuler les traces de l'estampille qu'il avait effacée.

Paris. — Typ. G. Chamerot, 19, rue des Saints-Pères, 19.

www.ingramcontent.com/pod-product-compliance
Lightning Source LLC
LaVergne TN
LVHW021728080426
835510LV00010B/1170